Antonio Miguel (Valencia, Espanha, 1953),
Técnico especialista de telecomunicações,
Programador de computador, pesquisador e
divulgador científico, é um apasionado pensador da
filosofia da vida e dos mistérios da nossa natureza.

Nesta edição entrega-nos um conjunto de reflexões
que compõem uma filosofia pessoal alheia das
ideologias políticas e religiosas, conforme com nosso
tempo, com o espírito de superação e os avanços
científicos, com o sentimento individual e a realidade
social.

Deus é nós mesmos é um livro que transmite uma nova
consciência através de uma combinação de simples e
profundas reflexões sobre a busca de significado e
motivação de nossa existência. Uma franca e
penetrante leitura que fornece respostas, estímulos e
o encontro de qualquer mensagem pessoal relevante.

www.antoniomiguel.es

Deus é nós mesmos

Antonio Miguel

Deus é nós mesmos
© 2010, 2012, 2014, 2015, Antonio Miguel.
ISBN: 978-1-329-57818-0

Tradução
Lorrayne Silva Paiva, Antonio Miguel

Fotografias
Design da capa com imagem do
Exoplaneta Gliese 667Cd., original de ESO
(European Southern Observatory), M. Kornmesser.
Interiores:
Maury river, Toroonga river (Pags. 9/13),
Smith Michael L, U.S. Fish and Wildlife,
public-domain-image.com.
ESO (European Southern Observatory),
ESA (European Space Agency),
NASA (National Aeronautics and Space Administration),
APLF (Association des planétariums de langue française).

Produção
Disfae Ediciones, 2015
ediciones@antoniomiguel.es
www.antoniomiguel.es
Sevilla – Espanha

Distribuição internacional desta edição,
www.amazon.com

Deus é nós mesmos

Reflexões e referências, índice.

Reflexões e referências, índice.

Reflexiones y referencias, índice.

Hoje fala-se de que Deus não é necessário
para explicar a origem do Universo, que a
alma é uma ilusão ...

A mente é o guia universal, e o objetivo: nós
mesmos e as nossas conseqüências; a
expansão de Deus em específicas e infinitas
possibilidades, que se olham umas às outras, e
a si próprias, para aprender a transmitir sua
mensagem em uma continuidade permanente
sem começo nem fim.

É verdade que não há alma, nem mente, no
corpo inexistente; como no vácuo do arroyo
seco não se reflectem os raios de sol
luminosos, nem é percebido
a força da torrente, nem se adivinham as
estrelas no espelho da água ausente ...

Mas mesmo sem suas reflexões, a luz existe;
mesmo sem a forma, a energia flui; e mesmo
sem o olhar de esta existência o Universo
continua: Deus. Nós mesmos.

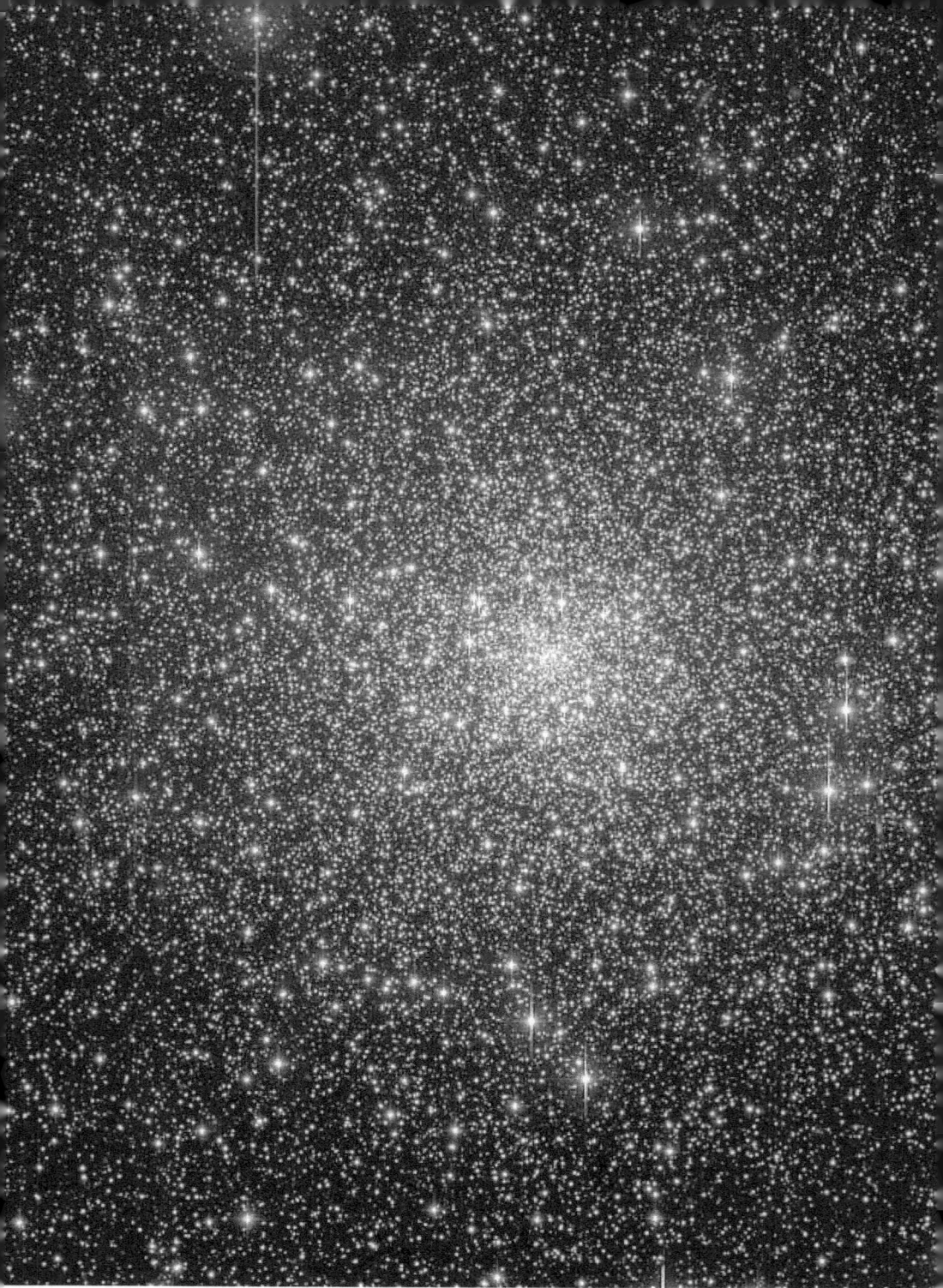

Aglomerado de estrelas NGC-6397.

Deus

Deus não é algo real,
mas toda a realidade é Deus:
nós mesmos; de seus
aspectos infinitas,
expressão temporario, fugaz,
no experimento da vida.

No desenvovimento das
possibilidades Ele é cúmplice
forçado; o seu espírito está em
nossas almas e o seu poder em
nossas mentes.

Planeta Makemake, impressão artística.
ESO, L. Calçada, Nick Risinger, skysurvey.org.

Universo

O Universo é um aspecto de
Deus, do qual somos parte,
e que podemos apreciar
o modo como espelho invulgar,
de acordo com os nossos sentidos,
do o outro lado do vidro.

Aglomerado de estrelas Jewel Box.

O homen

Cada corpo é parte da
energia universal.

Cada cérebro é um reflexo,
um flash da inteligência infinita.

Cada alma é um pouco
do espírito de Deus.

E cada vida é outro ensaio
de antigas e novas leis, com
novos e velhos mensagens.

Planeta Beta Pictoris, impressão artística.

Vida

A vida é um diálogo com o Universo,
ou seja, com Deus; e cada um de nós
é um fragmento espalhado Dele.

Cada existência é, portanto, uma
conversa entre o todo e a parte;
inexoravelmente ao seu serviço
e exploradora inconsciente
na espessura infinita do Ser.

Linhas de neve em torno da estrela do tipo solar TW Hydrae.

Mente

Corpo, cérebro, mente? ...
A mente é algo de antes
tentando colocar um vestifo que
parece que se encaixar pequeno.
Por que tanto esforço?; é como
o mergulhador, envolto, limitado ...

Talvez para ser capaz de explorar
a profundidade de um mar novo:
a vida humana.

A mente nos lembra que nossa
verdadeira existência é na superfície.

Camaleón I, aglomerado de nebulas brilhantes.

A verdade

A vida é uma coisa enganosa.
Um hábil entretenimento no
desmantelamento de sua aparência para
descobrir a verdade por nós mesmos.

Campo da estrela do exoplaneta Tau Bootis B.

Individualidade

Todos nós temos algo novo,
diferente, nosso e bom.
Cada um é único; irrepetível jóia,
cujo valor vai entender se estiver
disposto para descobri.-la.

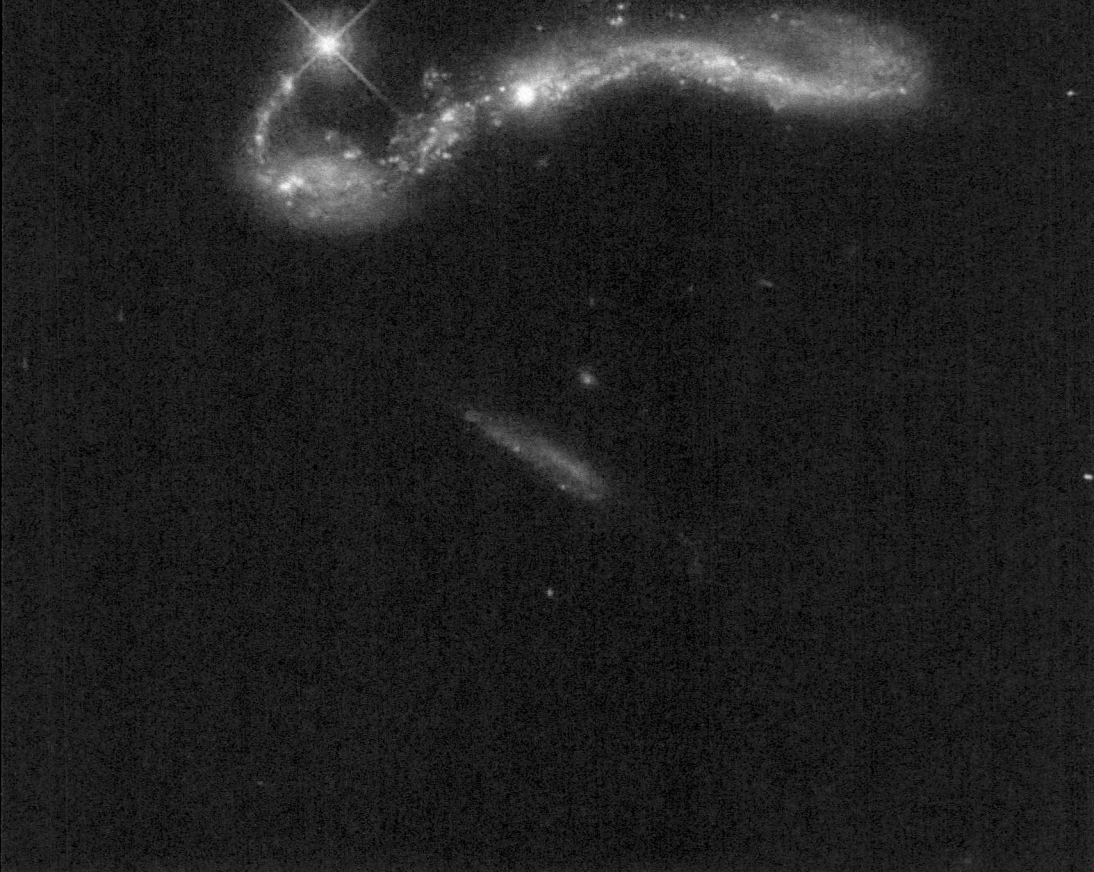

Galáxia Starburst J0-82354-96.
ESA, Hubble & NASA, M. Hayes.

Acaso e destino

A vida é uma continuidade tremenda,
em que tudo acontece da mesma
forma: através de acidentes que nos
convidam a decidir.

Não importa o evento, mas sim as
ações subseqüentes.

Escolher é viver; e cada escolha é nossa
nova fortuna.

Filamento em Tauro de formação de estrelas.
ESO, APEX, MPIFR, OSO, A. Hacar (Digitized Sky Survey 2 / Davide De Martin).

Destino

Viver é escolher aprendendo
a ler e transmitir os sinais
da estrada que descobrimos.
Um caminho novo e incerto
para o olho da vida, sem
juízes esperando por nós;
nos julga condena cada passo.

Nebula na constelação de Carina.

O acaso

O acaso é o disfarce da mágica que
acompanha a cada vida, ignorando
tanto a sabedoria como a ignorância;
só ouça o coração.

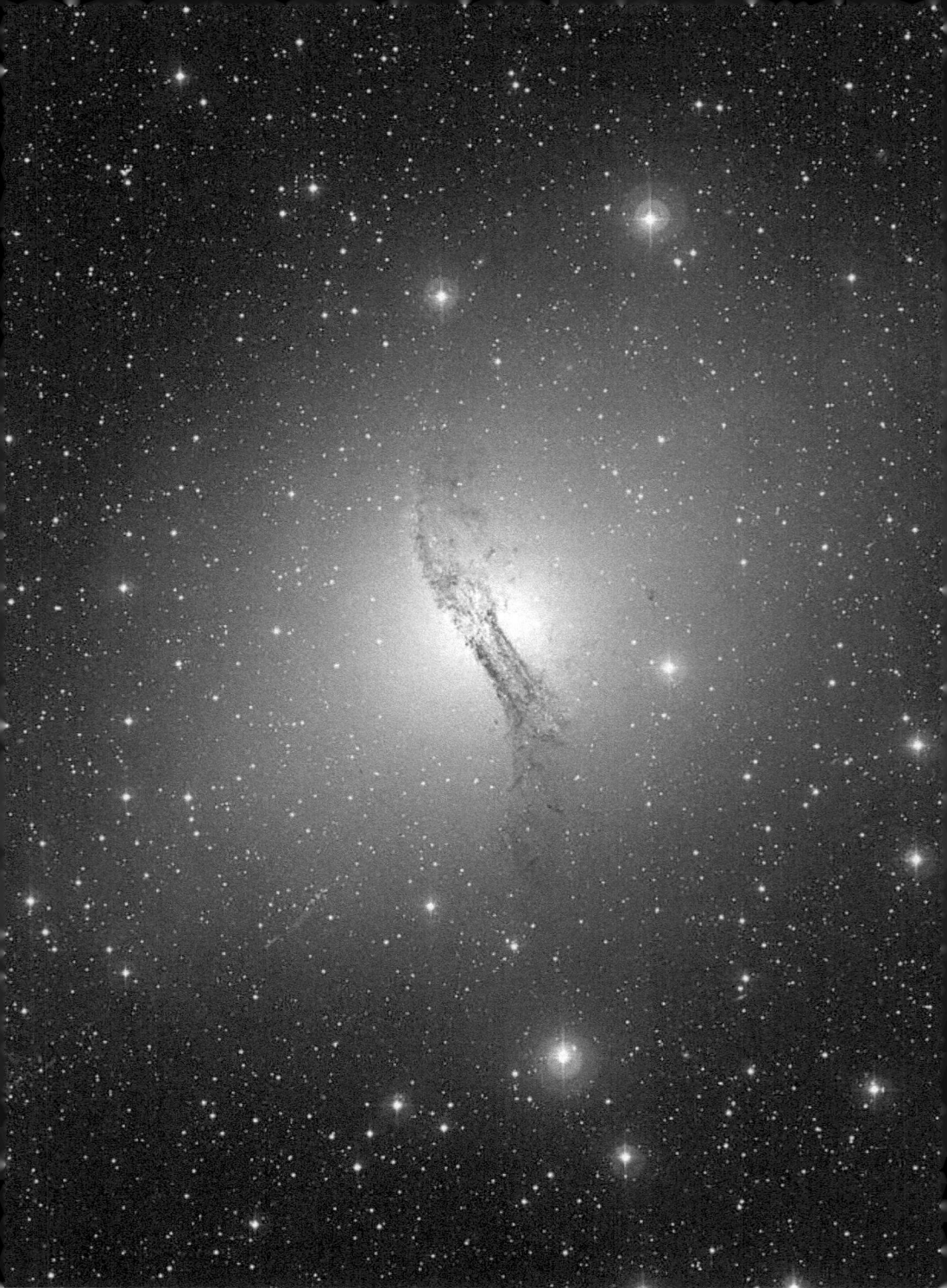

Galáxia Centaurus A (NGC-5128).

Emoções

As ações conscientes ou inconscientes
induzidas pelas nossas emoções
nos mostram uma nova perspectiva
revelando a seguinte mensagem.

Pulsar PSR J0348 e sua companheira anã branca, impressão artística.

Números

A ação perfeita, um golpe de sorte,
uma rosa ... Tudo o que nos surpreende
o emoçiona é a grande arte da
lógica, o resultado de enormes
complexidades matemáticas.

A equação mais importante é a ilusão,
e o resultado perfeito: o amor.

ULAS-J1120-0641 quasar alimentado por um buraco negro, impressão artística.
ESO, M. Kornmesser.

Paixão

Toda paixão carrega a semente de uma
mensagem para ele em quem acorda.

Uma leitura pessoal, extraordinária
e decisiva, para quem decide vivê-la.

Nebula M1-67 em torno da estrela WR-124.

Coraçãor

As decisões do coração
são as que fazem o nosso destino
ser verdadeiramente nosso.
E isso é o que importa nesta vida.

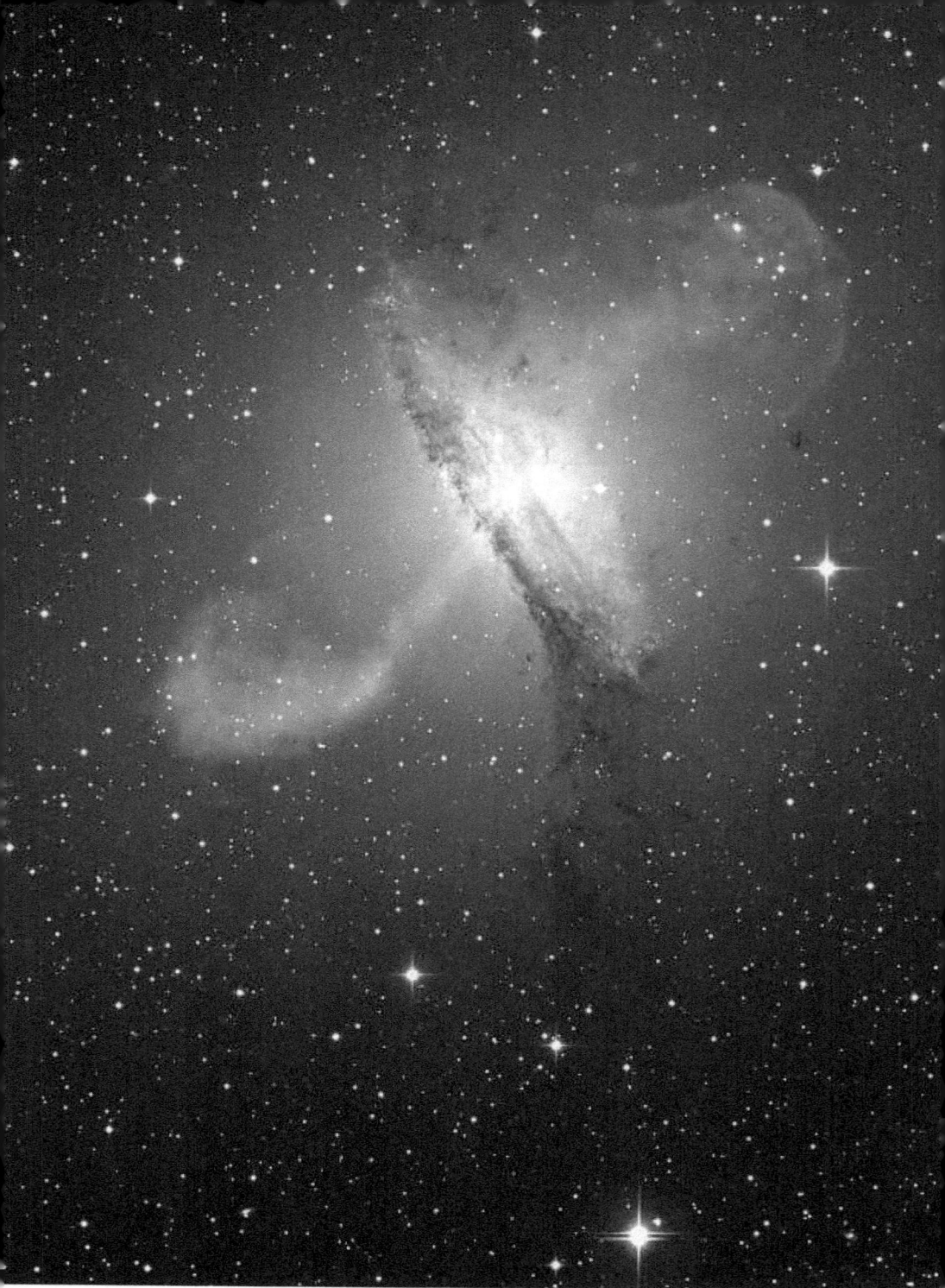

Galáxia Centaurus A.
ESO, WFI, MPIFR, ESO, APEX / A. Weiss, NASA, CXC, CFA / R. Kraft.

Espírito

O espírito, forma sutil da energia
universal, faz de nosso corpo físico
ferramenta sofisticada para
se conectar com o meio material.

Assim, formando um conjunto incrível,
onde a mente é nexus e intérprete;
ponto de encontro e comunicação,
magia catedral, templo da criação.

Nebula da Hélice NGC-7293.

Alma

E a alma, o reflexão bipolar,
a linha de concordância e
nosso limite dimensional;
resultando no arranjo original,
a frequência particular,
a onda individual; a nossa
manifestação universal,
singular, irrepetível.

Nebula de Orion.
ESO, Igor Chekalin.

Morte

Nossa existência parece-nos
como uma espécie de romance
que termina com a morte.

Mas quem somos nós
para sinalizar o fim
do que ainda ignoramos
o seu princípio original?
Como você pode saber
se é a história inteira
ou um capítulo mais? ...

Eu suspeito que tudo é
teatro da eternidade, sempre
com os mesmos atores,
que mudam apenas o disfarce.

Não há morte, só vida
e aparições mágicas.

Galáxia NGC-3621.
ESO

Identidade

Nós somos o efeito de nós mesmos,
mistura de qualidades, imperfeições,
dúvidas, certezas e emoções,
impressionando as mentes dos
outros e percebendo a especial
interpretação de cada um ...

São muitas traduções para entender
a nós mesmos, e é muito difícil
escapar de este «dia a dia».

A alienação e solidão são necessárias
para quem se busca a si mesmo.

Planeta HD-189733B.
NASA, ESA, M. Kornmesser.

Capacidade

Estamos tão preocupados com
as nossas carências e deficiências
que muitas vezes esquecemos
as nossas qualidades.

Acontece como com essa ferramenta
que, longe de nossos olhos,
acabamos por ignorar.

E assim, às vezes agimos a partir
da perspectiva do negativo,
perdendo tempo e possibilidades.

A área da estrela Beta Pictoris.

Atitude

Nós não somos perfeitos, e ao longo
da vida também cometemos erros.

Mas o segredo está na atitude:
não sejas um escravo das suas fraquezas
ou seus erros, age com libertade.
A vida começa continuamente,
em cada momento ...

Agora mesmo.

Exoplaneta Super-Terra orbitando a estrela GJ-1214 Pictoris, impressão artística.

ESO, L.Calçada.

Renascer

Você pode surpreender os
outros em muitas ocasiões, mas
surprender a você mesmo é
o desafio de todos os dias.

É como renascer; é crescer
conquistando a sua própria
realidade.

Planeta orbitando a estrela Alpha Centauri B, impressão artística.

Passado, presente e futuro

Cada momento é a semente do seguinte,
e cada grupo de momentos gera
a colheita de um fruto diferente.

Nós não podemos mudar os acontecimentos
anteriores, mas sempre podemos escolher
a combinação que melhor nos convém
e olhar para o passado de forma diferente.

Assim, você pode encontrar outro presente
e construir outro futuro.

Planeta Kepler-62, impressão artística.

Hoje

Hoje é o melhor dia da sua vida.

Hoje não é «ontem» ou «amanhã»,
hoje é o tempo para viver
e trabalhar como quiser,
para ativar as forças que
geram o seu destino.

Hoje é o dia que a sua existência
é tangível no Universo, seus
desejos são ouvidos e suas
ações crian compromissos
na orquesta da Sinfonia Universal.

Os sonhos e as memórias
são construídas agora.

Chile, Deserto Atacama, sitio do Very Large Telescope de ESO.

Felicidade

A felicidade é sempre aceitar, em
primeiro lugar, o lugar onde você está;
e, em seguida, começar a caminhar
na direção que fala o coração.

Não existe nenhuma outra fórmula.

Luz zodiacal no Deserto Atacama, Chile.

ESO, Y. Beletsky.

Liberdade

A felicidade parte do coração,
e a liberdade começa no pensamento.

O Atacama Large Millimeter Array de ESO, no Deserto de Atacama, Chile.
ESO, B. Tafreshi.

Progresso

A inteligência precisa de um
paralelo constante, um catalisador
capaz de neutralizar as consequências
perturbadoras de seu avançe de solidao:
o amor.

Só então é possível o progresso real.

O planeta Plutão, impressão artística.

Mundo

A única maneira de mudar o
seu mundo é mudar a si mesmo.

E mudar este, nosso mundo,
também começa a partir desse ponto.

Lua cheia sobre o Capitólio dos Estados Unidos.

Política e religião

Não há necessidade de ideologias
nem religiões, só precisamos de
pessoas boas.

Em um sistema de colaboração e
troca justa, a única religião necessária
é a bondade, e a única ideologia:
o progresso humano.

Galáxia espiral NGC-7424.

Generosidade

Dá o melhor de você que já sabe
e descobrirá o melhor de você
que ainda não conhece.

Galáxia Messier 100 e Supernova SN-2006-XN.
ESO, AIF, Danish 1,5 m, R. Gendler, J. E. Ovaldsen, CC. Thöne y C. Féron.

Valorizar

Reconhecer o aspecto qualitativo
das pessoas, estar ciente desta realidade
e trabalhar transmitindo-lhes sua imagem
positiva, é a coisa mais valiosa
que podemos fazer por elas.

Lupus 3, nuvens escuras e estrelas jovens e quentes.
ESO, F. Comeron.

Almas gêmeas

De vez em quando tropeçamos com
«almas-espelho» que reflectem,
lembrando-nos, o melhor de nós mesmos.

E tentando abraçá-las, o vidro se quebra
em mil pedaços, em mil sensações,
em novos sentimentos com angústias
que reavivam; emoções que nos despertam
para a vida, inspirações, sementes
de criatividade ...

Então o tempo revela o mistério daquela
explosão; algo novo e especial nasce,
impossível sem aquele tropeção.

Um abraço cósmico, constelação de Canis Major.

Amores

O amor é a rendição incondicional
perante outra rendição incondicional.
E ambos somam uma bela vitória.

Galáxias NGC-6769 y NGC-6770.

Lazarillos

Pode ser depois de momentos ou anos,
alguém desaparece do curso da nossa
vida, e nos perguntamos por que ...

É que o seu trabalho ja terminou;
só tinha que levar-nos a onde
nos encontramos agora.

Asteróide (234) Bárbara, impressão artística.

Pedras

Alguns morrem como eles nasceram;
parece que já nasceram mortos.
E nós encontramos com eles impedindo
nossos passos, como pedras, rochas imóveis ...

Talvez esta seja a sua missão; porque
nos forçando a evitá-los ao andar
se tornam guias do caminho.

Jets de uma anã de Júpiter.

As propostas da vida

Em ocasiões, a vida nos põe as
coisas difíceis; nos propõe, talvez.

Mas nós não somos vítimas de
deuses ou destinos; pelo antes,
com esses desafios compramos
a nossa particular evolução pessoal.

Até certo ponto, a natureza nos obriga
assim a descobrir e executar essas
facudaldes nossas que, adormecidas
na inconsciência, muitas vezes
   permanecem ignoradas.

A nebula Trífida.
ESO

Caminho

Quem sabe o que ele quer
vislumbra as opções, mas aquele
que não sabe para onde vai,
não entende o que ele vê.

Do mesmo modo que o vento move
e transfere as folhas e sementes,
a natureza move as pessoas na direção
de fatores ou circunstâncias potenciais.

Você precisa estar alerta e reconhecê-los
com coragem e honestidade, porque talvez
constituem oportunidades, trechos de
caminho ou pontes salvadores.

O pôr do sol no Paranla, Chile, com a Lua e Vênus.
ESO, Y. Beletsky.

Evolução

Maturidade é a arte de usar o
caractere com inteligência e
viver as emoções com sabedoria.

Mas o salto qualitativo e vital
é escolher seus sentimentos
e se render a eles definitivamente.

Combustão de lítio em uma estrela, impressão artística.

Entusiasmo

Perder o entusiasmo é perder vida.
É como levantar o pé do acelerador
durante a condução e deixar o carro
rolar em «neutro».

Viver sem entusiasmo é vivir da inércia,
e andar apenas por inércia é perder
tempo, emoções e consciência.

Impressão artística do trio Super-Terras.

Confiança

Pensando que sabemos muito pouco,
desconfiamos do pouco que sabemos.

Mas a decisão é sempre positiva,
descobre o erro ou afirmar a fé.

Buraco negro na galáxia NGC-3783, impressão artística.

Vontade

A vontade é um estado mental
perto da fé, cheio de esperança.

Uma mensagem da alma
com a força do espírito:
o seu verdadeiro poder.

O planeta Plutão, impressão artística.

ESO, L. Calçada.

Oportunidade

É possível passar uma vida esperando
o momento, a hora certa, a oportunidade ...

Sem perceber que a maioria das coisas
são realizadas de uma forma simple,
começando a trabalhar agora mesmo.

Aglomerado de estrelas Messier 4.

Desejos

Às vezes nós não conseguimos o que
queremos, apesar de quanto nos aspiramos.

No entanto, na tentativa, no caminho,
estranha coincidência, encontramos
o que realmente precisávamos.

Talvez os nossos sonhos, desejos
ou ambições, por vezes, seja como isca;
estratégia da mente e do espírito,
malabarismos do destino, para colocar
ao nosso ponto de vista, mas um passo,
o que nós realmente precisamos.

Aglomerado aberto Trumpler-16.

NASA, ESA, Jesús Maíz Apellániz / Instituto de Astrofísica de Andaluzia, na Espanha.

Ilusões

As ilusões erradas tém tanto
sentido como as acertadas.
Servem para se entreter e treinar
enquanto as verdadeiras aparecem.

Formação estelar da Grande Nuvem de Magalhães.

Erros e acertos

A vida é parte de um tecido de
tapeçaria sem bordas ou costuras,
tecido sem um ponto ruim.

Não há acertos nem erros,
cada erro pessoal é outra rodada
de agulha do mesmo jeito,
tão oportuna e necessária.

Eclipse, impressão artística.

Sorte

A sorte existe porque você acredita
nela; pois em sua mente não existe
algo em que você não acredita,
e cada momento é uma tentativa
de harmonia com seus pensamentos.

Formação de um planeta em torno da jovem estrela HD-100546, impressão artística.

O poder das emoções

Há algumas pessoas que vivem de acordo com o que anseia, e outras vivem de acordo com o que eles temen.

O medo cria alternativas para seus sonhos; a coragem e a fé, oportunidades.

Nossa galáxia, a Via Láctea.

Sentimentos

A realidade dá vida mata os
sonhos, dando lugar aos novos;
uma alternância contínua em
que sobreviven os sentimentos.
Que são o que conta.

Uma pluma da estrela supergigante Betelgeuse, impressão artística.
ESO, L. Calçada.

Subconsciente

Todo homem é dono de si mesmo
se desenvolve a capacidade de influenciar
voluntariamente no seu subconsciente;
mecanismo de resoluções perfeitas
dependendo dos itens que sejam
capazes de alcançar.

Uma ótima ferramenta para a construção
tanto do sofrimento pessoal como
da felicidade.

A nuvem resplandecente Sharpless 2-296, na Nebula Gaviota.

Sonhar

Sonhar é uma necessidade.
Ainda mais, uma obrigação.

Sonhar é a essência da vida,
a química da realidade, o sentido
da existência e o primeiro
passo para um estado superior.

Sonhar não é uma faculdade
de consolação, mas sim semente
de trabalho e de esperança.
É mobilizar o espírito e
começar a criar gerarando forças
extraordinárias da nossa magia
pessoal.

Não desista de seus sonhos.
Esquecer nossos sonhos é dar vida
àqueles que não renunciar a seus

Rajadas de raios gama, impressão artística.

Fé

Na selva da mente, a fé é
o caminho da segurança;
protegido dos ataques de medo,
de limitações teóricas, de
condicionamentos e restrições,
através do qual você acessa a ação
com todo o poder da alma.

Desejo, sentimento, estado mental ...
Uma atitude final com emoções
ausentes, porque todas se equilibram
em perfeita harmonia de espírito e
ambiente; e que pode tornar-se em
fatos, em atos diretos e precisos.

Despertar de um magnetar estelar em estado de hibernação.
ESO, L. Calçada.

Idéia e realidade

A idéia se torna realidade quando
toma forma concreta na mente
e condiciona todas as faculdades
de acordo com o impulso do desejo,
até alcançar a fé e a persistência
que não admite o fracasso
como um ponto final.

Buraco negro formando uma galáxia, representação artística.
ESO, L. Calçada.

Imaginação

Tudo depende da sua origem.
Portanto, não pode existir dentro de
algo o que não tem da mesma razâo.

Pensar é uma forma de realidade,
e toda conjectura pode cristalizar;
existiu, existe ou existirá.

Meio-dia o planetóide Sedna, o mais distante do Sol, impressão artística.
NASA, ESA y Adolf Schallerl.

A escrita

Não há alternativa igual,
a escrita é o reino da liberdade,
é o reflexo mais preciso da mente.

E na mente, sem limitação,
cabem todas as formas,
todas as cores, todas as melodias ...
e todos os mistérios.

A escrita é uma ferramenta mágica
que descobre segredos não só o leitor,
mas também o escritor, que, de uma
forma estranha, torna-se escrivente.

Copo de água gelada na órbita de um sistema planetário.

A arte

Às vezes sentimos que algo nos
move a estados misteriosos e felices,
instintivamente lembrando
a alma dos deuses perdidos
que bate em cada um de nós;
desesperada para voltar à pista,
para voltar para casa; a casa
mágica que abandonamos
em desabafo estranho.

A arte é o que nos ressuscita
a divindade que não queremos
definitivamente perder; uma
mensagem de amor nos dizendo
que nem tudo está perdido,
que o céu está esperando
o melhor de nós mesmos.

Aglomerado Jewel Box, Campo da Jóia.

A artista

A artista é um habilidoso e audaz
«Don Juan» na difícil tarefa de
viver com esses amantes paradoxais:
razão e paixão, o físico e o etérea, no
momento que morre e a viva eternidade.

Fantasía

A fantasia não remover-nos da realidade,
traz-nos mais perto dela, a sua verdade
e seus segredos. É preciso imaginar para inventar;
e o que é inventar, mas sim descobrir o que já é?
E se criar é projetar o que não existe,
construir novas realidades,
é possível fazê-lo sem sonhar?

Ouço meu pássaro cantando na varanda
e me pergunto se ele é ciente da
beleza de seu canto, da sua existência ...
Pode imaginar uma vida fora da gaiola?
Ele quer? ...

Aproximei-me e lhe pergunto:
«Você tem sentimentos, você sonha?» ...
Eu abrir a gaiola e com seu bico intenta fechá-lo.
Surpreso, eu retiro o olhar da cadeia
que é a sua casa e eu olho para a rua
e ver o tráfego, a bagunça urbana ... pensando
que talvez nós também fazemos o mesmo.

Quantos livros fechamos,
quantos sentimentos distanciamos
e quantos sonhos esquecemos.

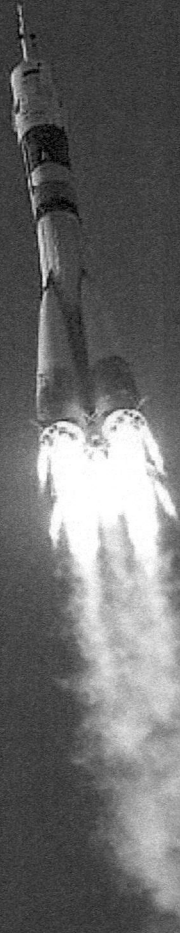

Nave Soyuz, NASA.

No fundo, nós temos o que buscamos.
Piamos para comer, cantamos para esquecer,
e na gaiola dos nossos medos continuamos,
mortos em vida, como corpos incorruptos.

O tempo nos faz míope para
nossas mentiras, nossos tropeços ...
até que um dia, tarde demais,
tropeçamos com eles.

Eu me afasto do meu pássaro,
desejando fugir da realidade
de todos os dias, eu prefiro
a verdade da minha fantasia.
Encima da mesa me espera o papel,
como cavalo branco pronto
para cavalgar ao seu lado:

«Sim, eu volto para você,
amante eterna e fiel companheira.
Eu não sei para onde voce vai me levar,
mas sem voce ja entendi para onde vai:
para fechar a porta da vida,
para viver sem consciência,
a não amar de verdade, a piar
para comer e cantar para esquecer;
para esquecer a liberdade».

Nuvem de gás se aproximando para um buraco negro, impressão artística.
ESO, MPE, Marc Schartmann.

Realidade

O instrumento produz, o músico executa,
o compositor cria ... Mas as notas
existem já antes de qualquer coisa,
e toda a composição é uma realidade
que de repente descobrimos.

Ingênuo de mim, que pensei que
criava e acreditei que pensava.
Simplesmente leio o que eu penso
e desenho o que vejo.
¿Que livro se abre a minha leitura
e que paisagem aos meus olhos? ...

Exploro a imensidão eterna
surcando o mar de possibilidades sem
saber se eu sou o capitão ou marinheiro,
qual é a luz que ilumina as formas ocultas,
que farol guia-me, e até que porto.

Descobrir, criar ... ¿o que é a realidade?
Há instantes, nos dias de hoje,
estes anos, desde que eu nasci,
mesmo antes, uma miríade
de circunstâncias aconteceu
para que agora eu me pergunte.

Eu também era uma possibilidade
e hoje sou uma consciência.
Esta é a única resposta.

Galáxia Messier 104.
ESO, AIF, Danish, 1,5 m, R. Gendler y J. E. Ovaldsen.

Conciencia

Nós somos energia atrapada,
transfigurada pela química orgânica;
experimentos individuais, únicos ...
E tentamos nos entender.

A energia não é criada nem destruída,
e da sua transformação que usamos.
Para que serve a nossa existência? ...
Se nós somos energia, existiremos sempre;
e o ser humano é apenas «um estado» ...
Iremos reter após a nossa matiz,
a nossa consciência?

Pode que não há um «antes», e que só s
omos fluxo temporário de continuidades
permanentes e infinitas variáveis,
onde a consciência é uma coisa nova,
própria da manifestação humana.

Desenvolvemos os órgãos que precisamos
e inibimos os que não usamos.
A consciência é o órgão mais sofisticado
e delicado de nossa angústia existencial? ...

Talvez também não há um «mais tarde»,
como objetivo, resultado ou benefício,
e criar um propósito, um destino universal,
é provavelmente uma questão pendente,
uma responsabilidade nossa.

Explosão de raios gama.

Amor

Se primeiro é a energia,
depois a matéria, a química ...
O que é então, a consciência
ou o amor?

O amor sem consciência
não é amor verdadeiro;
pois é a vontade consciente
o que dignifica e da poder a ação.

O amor é, portanto, a energia
em um estágio superior? ...
Ou é o fim e o começo,
retornar ao seu estado anterior,
primigênio e creador?

Tudo está em você

Meu querido amigo, você sentiu a felicidade no café esta manhã?, observando a grama verde do jardim?, ou no olhar do seus amados?, no caminho para a sua escola, seu trabalho, ou as suas obrigações? , no céu azul, ou nas nuvens ou na chuva?, no asfalto preto brilhante e molhado?, na saudação de seu vizinho?, na paisagem colorida da rua, do seu pequeno mundo? ...

A felicidade não está em cada uma dessas coisas, eles apenas refletem o que está em você.

Você sabe?, poderia não estar aqui, não ouvir, nem meditar. Mas acontece que vocee sim esta neste mundo, nesta vida que você encontrou sem saber por que, ou para quê.

Não hesite, o Céu espera algo de você, da sua estranha existência. «O quê? ...» Você pode preguntar.

«Eu que sou tão insignificante na vastidão do Universo, o que posso fazer, o que eu vou oferecer?».

O universo espera por você tudo o que você pode dar. Na criança, seu sorriso; em seu irmão, o abraço; em seu parceiro, amor; no seu vizinho, a saudação; em seu amigo, o favor, a fidelidade; no trabalho, seu desejo; em seus sonhos, a vontade ... E talvez mais alguma coisa.

Lembre-se de que nada é o mesmo.
As palavras são as mesmas, mas a essência
é de cada um. Exclusivo. Irrepetível.

Ninguém teve os seus olhos, ninguém vai
ter o seu calor ou amar como você.
E seu sorriso não existirá mais;
se nós a conhecemos é graças a você.

Esqueça a tristeza daquele amor que não
foi, dos sonhos que não podiam ser,
daquelas coisas que você deveria ter feito.
Tudo aquilo não foi para o que tem sido
pode ser, para viver outros sonhos
e outras coisas empreender.

Porque isso é realmente o que você é,
o que cada um de nós somos:
o que ainda podemos ser,
o que ainda podemos amar,
o que ainda podemos fazer.

Índice temático

www.ingramcontent.com/pod-product-compliance
Lightning Source LLC
Chambersburg PA
CBHW030153070426
42447CB00032B/1072